BEI GRIN MACHT SICH IHR WISSEN BEZAHLT

Komplette Krafttrainingsplanung. Ein wissenschaftlicher Leitfaden anhand eines fiktiven Beispiels

Juliane Bosse

Bibliografische Information der Deutschen Nationalbibliothek:

Die Deutsche Nationalbibliothek verzeichnet diese Publikation in der Deutschen Nationalbibliografie; detaillierte bibliografische Daten sind im Internet über http://dnb.d-nb.de abrufbar.

ISBN: 9783346920362
Dieses Buch ist auch als E-Book erhältlich.

Druck und Bindung: Books on Demand GmbH, Norderstedt Germany
Gedruckt auf säurefreiem Papier aus verantwortungsvollen Quellen

Das vorliegende Werk wurde sorgfältig erarbeitet. Dennoch übernehmen Autoren und Verlag für die Richtigkeit von Angaben, Hinweisen, Links und Ratschlägen sowie eventuelle Druckfehler keine Haftung.

Das Buch bei GRIN: https://www.grin.com/document/1379599

Deutsche Hochschule für

Prävention und Gesundheitsmanagement

Hermann Neuberger Sportschule 3

66123 Saarbrücken

Einsendeaufgabe

Fachmodul: Trainingslehre I

Studiengang: Fitnessökonomie

Datum
Präsenzphase: 24.02.-27.02.2020

Name, Vorname: Bosse, Juliane

Studienort: Leipzig

Semester: 01

Inhaltsverzeichnis

Lösung Aufgabe 1 - Diagnose

1.1 Lösung Teilaufgabe 1.1 – Allgemeine und biometrische Daten

Die folgende Tabelle fasst die allgemeinen und biometrischen Daten der Person zusammen, für die die Trainingsplanung erfolgen wird. Aus datenschutztechnischen Gründen werden persönliche Daten wie Name, Anschrift, Geburtsdatum und Kontaktdaten nicht angegeben.

Tabelle 1: Allgemeine und biometrische Daten

	Personenspezifische Daten	Bemerkungen für die Trainingsplanung
Alter	30 Jahre	
Körpergröße	180cm	
Gewicht	80kg	
Geschlecht	Männlich	
Beruf	Verkäufer im Einzelhandel	
Trainingsmotive	Allgemeine Fitness, sucht im Sport Ausgleich zum Alltag, Interesse am Krafttraining an sich, Muskelaufbau Ganzkörper	Muskelaufbau durch Krafttraining (vorrangig Geräte), Verbesserung des Fitnessstandes
Aktuelle sportliche Aktivitäten	Seit einem Jahr GK Plan im Fitnessstudio (2 Tage/Woche, nur Geräte), gelegentliche Radtour zur Arbeit, ruhige Spaziergänge mit dem Hund (ca. 90min/Tag)	Leistungsstufe: Fortgeschrittener
Frühere sportliche Aktivitäten	Fußballtraining vom 10. bis zum 17. Lebensjahr, 2 Einheiten/Woche, gelegentliche Spiele, Spaß im Vordergund, 1 Jahr Krafttraining	Leistungsstufe: Fortgeschrittener
Zeitliche Verfügbarkeit pro Woche	3 Tage a 60-90 Minuten	
Körperliche Einschränkungen/Erkrankungen/Vorerkrankungen/Allergien	Tierhaarallergie (Katze)	Keine Einschränkungen der Trainingsplanung

	Personenspezifische Daten	Bemerkungen für die Trainingsplanung
Blutdruck (Messung vor Ort)	119 (systolisch mmHg) zu 78 (diastolisch mmHg)	Der Blutdruck der Person liegt im Optimalbereich
Einschätzung der sportlichen Leistungsfähigkeit durch die Person	Die Person ist gesund und empfindet sich als komplett belastbar	Keine Einschränkung der Trainingsinhalte
Psychische Gesundheit	Die Person ist psychisch gesund und motiviert, körperliche Leistung zu erbringen	Keine Einschränkungen

Folglich lässt sich feststellen, dass die Person sich, bis auf einer Allergie, in gesundheitlich einwandfreiem Zustand befindet und frei von jeglichen physichen und psychischen Beschwerden ist.

Aufgrund der einjährigen Erfahrung im Kraftbereich, ist die Person als Fortgeschrittener einzuordnen. Durch diese Einstufung und den Wunsch, die Trainingseinheiten von 2 Stück auf 3 Stück pro Woche zu erhöhen, wird die fortführende Trainingsplanung erfolgen.

Durch die Allergie ist bei der Wahl des Fitnessstudios auf eine Katzenfreie Einrichtung zu achten, ansonsten gibt es keine gesundheitlichen Einschränkungen.

Der Blutdruck der Person befindet sich mit 119 mmHg zu 79 mmHg im Optimalbereich, welcher sich von <120 systolisch mmHg zu <80 diastolisch mmHg festsetzt. Die Einschätzung basiert auf der folgenden Tabelle nach Mancia et al. (2013, S. 1286).

Es liegen demnach keine belastungstechnischen Einschränkungen durch arterielle Hypertonie vor, die bei der Trainingsplanung berücksichtigt hätten werden müssen.

Die folgende Tabelle stellt die Bewertungsstufen des Blutdrucks, anhand von systolischem und diastolischem Blutdruck, dar und bietet eine übersichtliche Unterteilung in Normblutdruck (Normotonie) und Bluthochdruck (arterielle Hypertonie).

Tabelle 2: Blutdruckklassifikationen

Bewertungsstufen	Systolischer Blutdruck	Diastolischer Bluttdruck
Normblutdruck (Normotonie)		
Optimal	<120 mmHg	<80 mmHg
Normal	<130 mmHg	<85 mmHg
Hochnormal	130-139 mmHg	85-89 mmHg
Bluthochdruck (arterielle Hypertonie)		
Stufe 1	140-159 mmHg	90-99 mmHg
Stufe 2	160-179 mmHg	100-109 mmHg
Stufe 3	>180 mmHg	>110 mmHg

Mancia et al. (2013, S. 1286)

1.2 Lösung Teilaufgabe 1.2 – Krafttestung

1.2.1 Die Begründung des Testverfahrens im Hinblick auf aktuellen Leistungs- und Gesundheitszustand der Person

Die Person verfügt bereits über 9 Monate Trainingserfahrung im Kraftbereich und ist mit den Übungsausführungen vertraut. Darüber hinaus kann sie ihre eigene Belastbarkeit und Regenerationsfähigkeit einschätzen. Aufgrund der Trainingsdauer von 12 Monaten wird sie als Fortgeschrittener eingeordnet. Körperlich und psychisch ist die Person gesund und uneingeschränkt Belastbar.

Durch die berufliche Tätigkeit und einem bewegungsintensiven Alltag, wird die Trainingsintensität über das subjektive Belastungsempfinden gesteuert, um die Trainingsgewichte an die Tagesform anpassen zu können und unnötige Überlastungen oder auch Unterlastungen zu vermeiden.

Vorteile gegenüber maximal ausbelastenden Testverfahren wie 1RM und XRM sind, dass bei diesen neben dem dabei entstehenden gesundheitlichen Risiko, die Erfassung des koordinativen Anteils (besonders relevant für Mehrgelenksübungen) nicht messbar ist (Bührle & Schmidtbleicher 1981), bei hohen Belastungen aber oft eine Koodrinative Verschlechterung eintritt, aufgrund derer bestimmte Lasten nicht bewältigt werden können. Die wirkliche muskuläre Grenze kann demnach nicht direkt bestimmt werden (Müller, 1987). Im Gegenzug können Betswerte, auf deren Basis die Errechnung der

Trainingsgewichte erfolgte, bereits bei kleinen technischen Änderungen abweichen und es müsste eine erneute Testung erfolgen.

All diese negativen aspekte Treffen nicht auf Trainingsplanungen über das subjektive Belastungsempfinden zu (Trunz et al., 2002). Zudem ist besonders die autoregulative, selbstständige Steuerung der Gewichte im Alltag von großem Nutzen für langfristige, sportliche Erfolge und Verletzungsfreiheit.

Bei der akteullen Person wird es sich um eine RIR (Reps In Reserve) Skala handeln, da bei klassichen, weit verbreiteten RPE Skalen oft mit großen Einschätzungsspektren (zum Beispiel von 06-20 bei der BORG-Skala (Borg, 1998, 2004)) des eigenen Belastungsempfindens gearbeitet wird. RIR richtet sich hingegen nach den noch ausführbaren Wiederholung bei einer Übung.

1.2.2 Detaillierte Beschreibung des Testablaufs

Der Krafttest dient als Ausgangswert für die folgende Trainingsplanung, die auf dessen Basis erfolgt.

Bei autorgulativen Traingsmethoden geht es auch darum, das Belastungsempfinden der trainiernden Person zu schulen.

Der Test erfolgt an drei Geräten (Beinpresse, Brustpresse und Hipthursts) und wird in erwärmtem Zustand durchgeführt.

Pro Übung hat die Person drei Testrunden mit vorgegebener, konstanter Wiederholungszahl und einer sinkenden RIR Vorgabe. Das Gewicht wird von Durchgang zu Durchgang erhöht, bis der Sportler nach der vorgegebenen Wiederholungszahl das Gefühl hat, noch die Wiederholungen der RIR Vorgabe, ohne technischen Einbruch, ausführen zu können.

Die Erhöhung der Gewichte und die Größe der Sprünge entscheidet der Sportler. Der Trainer dient als beratende Person und kann aber, wenn nötig, Feedback von außen geben, oder bei Unklarheiten zur Zeite stehen.

Eine maximale Ermüdung der Muskulatur ist nicht das Ziel und wird vermieden. Die Methode setzt Trainingserfahrung voraus und ist deswegen nicht für Beginner zu empfehlen (Zourdos 2016).

Die Folgende Tabelle zeigt die RIR Skala, durch die die trainierende Person ihre Trainingsintensität bei der Testung einschätzen soll.

Tabelle 3: RIR Skala

RIR	Mögliche Wiederholung nach der letzten Wiederholung des Arbeitssatzes
1	1
2	2
3	3
4	4
5	5
6	6
7	7
8	8
9	9
10	10

1.2.3 Testübungen und Ergebnisse in tabellarischer Form

In der folgenden Tabelle werden die Ergebnisse der Krafttestung anhand der RIR (Reps in Reserve) Skala nach dargestellt.

Tabelle 4: Krafttestung mit der Einstufung nach RIR

Übung	Wiederholungen	Testlauf 1	Testlauf 2	Testlauf 3
Beinpresse	6	90	95	100
Brustpresse	6	70	75	80
Hipthrusts (Maschine)	6	150	170	190
Reps in Reserve (Vorgabe)		4	3	2

1.2.4 Schlussfolgerungen für die weitere Trainingssteuerung aufgrund der Testergebnisse

Aufgrund der Ergebnisse des Testfervahrens lässt sich schlussfolgern, dass es aufgrund vieler möglicher Störfaktoren und eventueller Fehleinschätzung der eignenen Leistungsfähigkeit, keine Normwerte für einen Vergleich zwischen verschiedenen Personen gibt. Dies trifft auch auf auf 1RM und XRM zu. Ein individueller Leistungsvergleich ist mit der Methode also nicht möglich, was jedoch keine negative Auswirkungen auf die Trainingsplanung hat.

Ein intraindividueller Vergleich ist allerdings möglich, solange exakt identische Rahmenbedingungen und Testabläufe auf allen Ebenen gegeben sind.

Die Trainingsintensitäten richten sich auch im Trainingsplan nach RIR, also dem subjektiven Belastungsempfinden. Das ermittelte Testgewicht dient als Orientierung und ist für den Trainingsverlauf und für Vergleiche der Progression von Wichtigkeit. Die Gewichte werden jede Einheit an das eigene Empfinden und den gesundheitlichen Zustand angepasst (Fisher, 2011).

2 Lösung Aufgabe: Zielsetzung und Prognose

Der folgenden Tabelle sind drei diagnosebasierte, sportliche Ziele der Testperson zu entnehmen. Sie basieren auf der im Vorfeld erfolgten Anamnese.

Tabelle 5: Zielsetzung

Inhalt des Ziels	Ausmaß des Ziels	Zeitaufwand der Umsetzung
Aufbau von Muskelmasse	2-4kg	1 Jahr (bei konstanter körperlicher Gesundheit und ohne längere Trainingsausfälle)
Kraftsteigerung (Mehrwiederholungskrafttest)	Steigerung der Trainingsgewichte um bis zu 14% bei konstanten Wiederholungsvorgaben	1 Jahr (bei konstanter körperlicher Gesundheit und ohne längere Trainingsausfälle)
Kraftsteigerung (isometrisch)	Kraftsteigerungmessung durch die Dauer einer Statisch gehaltenen Übung	1 Jahr (bei konstanter körperlicher Gesundheit und ohne längere Trainingsausfälle)

Muskelaufbau, allgemeine Fitness und mehr Ausgeglichenheit im Alltag, sind weitläufige Ziele, die sich über verschiedene Ebenen realisieren lassen. Dennoch ist eine konkrete Zielsetzung sinnvoll, um die Trainingsmotivation aufrecht zu erhalten und die Trainingsplanung systematischer und für den Kunden nachvollziehbar durchführen zu können. Hinsichtlich des Ziels des Muskelaufbaus lässt sich festahlten, dass bei einem Fortgeschrittenen, der sich seit 9 Monaten im Training befindet, ein Muskelzuwachs von mindestens 2-4kg pro Jahr realistisch ist. Die allgemeine Fitness lässt sich zusätzlich über zwei weitere, kraftspezifische Ziele auf verschiedenen Ebenen bestimmen. Einerseits durch eine Kraftstiegerung mit einem Mehrwiederholungskrafttest, bei dem nach einem gewissen Zeitraum identische Übungen und Wiederholungen mit immer mehr Gewicht ausgeführt werden und an der Steigerung ein Kraftzuwachs festgemacht werden kann. Bei Fortgeschrittenen ist hier ein Kraftzuwachs von bis zu 14% möglich (Eifler, 2000). Andererseits ist die Methode der spezifischen isometrischen Kraftausdauertestung (Mc Gill, 2002) sinnvoll, um einen weiteren Indikator zur Überprüfung der körperlichen Fitness zu haben. Bei dieser Option geht es um keinen Kraftzuwachs, der in Form von erhöhten Gewichten überprüft wird, sondern die verlängerte Haltedauer einen statischen Übung.

Da die Person gesundheitlich nicht eingeschränkt ist (es sei denn, im Fitnessstudio befindet sich eine Katze), lassen sich alle Methoden anwenden und über einen längeren Zeitraum miteinader vergleichen. Sie können demnach eine Übersicht der Progression liefern und stellen somit einen wichtigen Teil der langfristigen Trainingsplanung dar.

3 Lösung Aufgabe 3: Trainingsplanung Makrozyklus

Die folgende Tabelle zeigt eine 6-Monatige Makrozyklusplanung.

Tabelle 6: Der Makrozyklus

	Mesozyklus I	Mesozyklus II	Mesozyklus III	Mesozyklus IV
Dauer	6 Wochen	6 Wochen	6 Wochen	6 Wochen
Trainings-methodik	Kraftausdauertraining	Muskelaufbautraining (extensiv)	Muskelaufbautraining (intensiv)	Maximalkrafttraining (extensiv)
	Mesozyklus 1	Mesozyklus 2	Mesozyklus 3	Mesozyklus 4

	Mesozyklus I	Mesozyklus II	Mesozyklus III	Mesozyklus IV
Organisationsf orm	Ganzkörper/ Stationstraining	Ganzkörper/ Stationstraining	Ganzkörper/ Stationstraining	Ganzkörper/ Stationstraining
Häufigkeit/ Woche	3 Einheiten	3 Einheiten	3 Einheiten	3 Einheiten
Übungen /Muskel	1-2	1-2	1-2	1-2
Sätze /Übung	2-3	2-3	2-3	2-3
Intensiät /RIR	2-3	2-3	2-3	2-3
Wiederholung en	10-15	8-12	6-8	3-6
Bewegungste mpo	Kontrolliert-dynmaisch	Kontrolliert-dynmaisch	Kontrolliert-dynmaisch	Kontrolliert-dynmaisch
Satzpausen	1-3min	1-3min	1-3min	2-3min

Bei der Trainingsplanung handelt es sich um eine klassische Blockperiodisierung nach dem methodischen Ansatz von Buskies und Behrens (Buskies & Behrens, 1996). Sie zeichnet sich dadurch aus, dass die Intensitäten von Mesozyklus zu Mesozyklus gesteigert werden, während die Wiederholungszahlen sinken. Zudem findet keine Ausbelastung statt. Diese Methode eignet sich optimal für Personen, die, neben der Verbesserung sportlicher Leistung, auch eine bessere Belastbarkeit im Alltag anstreben und ist somit auch für die Testperson geeignet. Zudem ist die Methode durch die verschiedenen Intensitäten sehr abwechslungsreich und ermöglicht es, viele krafttechnische Facetten zu trainieren. Die spezifischen Intensitäten, Trainingseinheiten und Organisationsformen, der oben aufgeführten Tabelle, richten sich nach den Grundvoraussetzungen und Zielen der Testperson. Aufgrund ihrer Einordnung als Fortgeschrittener sind die Intensitäten der Sätze intensiv (RIR 2-3), aber nicht maximal schwer angesetzt, um eine Überlastung zu vermeiden und inter- und intramuskuläre Koordination zu verbessern (Buskies & Behrens, 1996). Durch nicht vorhandene Einschränkungen der körperlichen Leistungsfähigkeit, gibt esm vorest keine Abweichungen der klassischen Trainingsplanung.

Der zeitliche Verfügungsrahmen der Person (3 Einheiten/Woche), wurde mit drei Ganzkörpereinheiten (GK) als Stationstraining an Geräten umgesetzt, um durch das regelmäßige setzen submaximaler Reize langfristige Trainingserfolge zu erzielen und, durch aufeinanderfolgende Sätze gleicher Übungen, besser an technischen Defiztien und auch dem persönlichen Belastungsempfinden arbeiten zu können.

Um den Verlauf des Trainings bewerten zu können und im Zweifel die Trainingsplanung angleichend zu optimieren, erfolgt nach jedem Mesozyklus eine Leistungskontrolle mit RIR 2 bei allen Grundübungen. Die zeitliche Abfolge der Mesozyklen teilt sich in umfangs- und intensitätsorientiertest Krafttraining auf. Die erste Phase (1. Mesozyklus) hat das Ziel der Ausbildung einer Basis, die, neben der konditionellen Ebene, auch die motorisch-koordinative Ebene beinhaltet und somit den Grundstein für die kommenden Monate legt (Fleck & Kraemer, 2004; Moritani, 1994). Zudem kommt es in dieser Phase auch zu einer Verbesserung der Laktattoleranz und des anaerob-laktaziden Stoffwechsels. In den kommenden Phasen profitiert der Klient von diesem Grundbaustein, denn im 2. Mesozyklus (ca. Woche 6-8) verstärken sich auch muskuläre Anpassungen an die Belastung (Fleck & Kraemer, 2004; Moritani, 1994), hier beginnt das Muskelwachstum. Ab hier und in den kommenden Wochen und Zyklen, wird zudem die Rekrutierung motorischer Einheiten verbessert. Nach intensitätstechnischen Anpassungen (Mesozyklus 2-4) können auch erste Erfolge der Gelenksstabilität vermerkt werden. Daraus resultiert für den Trainee auch langfristig eine höhere Belastbarkeit im Alltag.

4 Lösung Aufgabe 4: Trainingsplanung Mesozyklus

Die folgende Tabelle zeigt den umfangsorientierten Mesozyklus des Trainingsblocks.

Tabelle 7: Der Mesozyklus

	Umsetzung
Zyklusdauer	6 Wochen
Spezifische Trainingsziele	Verbesserung der Kraftausdauer und Koordination, technische Optimierung
Trainingseinheiten pro Woche	3
Organisationsform	Ganzkörper Stationstraining
Übungen pro Muskelgruppe	1-2
Sätze pro Übung	2-3
Satzpausen	1-3min
Wiederholungszahl	15-20
Intensität in RIR	2-3
Bewegungstempo	Kontrolliert-dynamisch, 2/0/2 TUT

Der dargestellte, umfangsorientierte Mesozyklus ist der 6 wöchige Einstieg in den Makrozyklus. Ziel des Blocks sind eine Verbesserung der Kraftausdauer, eine optimierte Koordination und die Verbesserung der Übungsausführung auf technischer Ebene. Vor jeder Übung erfolgt zudem eine übungsspezifische Erwärmung.

Die folgende Tabelle zeigt die begründete Auswahl der Übungen des Mesozyklus.

Tabelle 7: Begründete Übungauswahl Mesozyklus

Übung	Auswahlkriterien für diese Übung	Vorrangig beanspruchte Muskelgruppe(n)	Individueller Nutzen für den Trainee
Kniebeuge	Beanspruchung mehrerer Muskelgruppen, komplette Körperspannung nötig, Verbesserung intramuskulärer Koordination	Musculus gluteus maximus, musculus quadrizeps femoris	Stärkung der Bein- und Gesäß- und Rumpf muskulatur muskulatur
Hipthrusts	Beanspruchung mehrerer Muskelgruppen, Verwendung von viel Gewicht (und somit zügiges setzen effektiver Trainingsreize) möglich	Musculus gluteus maximus, musculus biceps femoris, Musculus erector spinae	Verbesserung der Koordination der Hüftstreckung, Heranführung an das Langhanteltraining, Kombination vieler Muskelgruppen
Bankdrücken	Mehrgelenkige, freie Kraftübung. Training vieler Muskuelgruppen, Verbesserung intramuskulärer Koodrination	triceps brachii, pectoralis major, pectoralis major	Stärkung der Brust- und Trizepsmuskulatur, zudem oft schnell ersichtlicher optischer Mehrwert für die Person
Ruderzug	Sträkung von Bizeps und Rücken, am Gerät schnell erlernbar und umsetzbar	rhomboids, latissimus dorsi, biceps	Stärkung der Rückenmuskulatur und des Bizeps,

Übung	Auswahlkriterien für diese Übung	Vorrangig beanspruchte Muskelgruppen	höhere Belastbarkeit im Alltag
			Individeuller Nutzen für der Trainee
Facepulls	Training der Nackenmuskulatur am Kabelzug, neue koordinative Aufgabe und die zusätzliche Notwendigkeit des Erlernens von Körperspannung	Posterior deltoid, traps, infraspinatus, teres major	Stärkung des Nackens, Heranführung an Übungen am Kabelturm
Crunches	Freie Übung zur Stärkung der Bauchmuskulatur	Rectus abdominis	Stärkung der Bauchmuskulatur und des Rumpfes für eine optimierte Körperhaltung

Die Auswahl der Übungen wurde auf den Leistungs- und Gesundheitsstand der trainierenden Person abgestimmt. Sie sind in ihrer Kombination darauf ausgerichtet, eine Kräftigung der ganzheitlichen Muskulatur, eine Verbesserung der Optik, als auch die alltägliche Belastungsfähigkeit zu verbessern. Es handelt sich um einen Ganzkörper (GK) Plan, der für das Stationstraining ausgelegt ist und an drei Tagen pro Woche ausgeführt werden soll. Der Plan beseht aus mehrgelenkigen, freien Hantelübungen, die vorrangig alltagnahe Bewegungen simulieren, Bewegungsabläufe verbessern und mehrere Muskelgruppen auf einmal stärken soll. Sie tragen auch zu einer Optimierung der intramuskulären Koordination bei (Haff, 2000) und helfen langfristig die Gelenke zu stärken. Ergänzt werden diese Übungen mit motorisch einfach auszuführenden Übungen an Geräten. Hier ist nach der Vorermüdung durch die freien Gewichte ein isolierter, hoher Reiz auf einzelne Muskeln und Muskelgruppen ausübbar und ermöglicht das Setzen spezifischer Reize. Hinzu kommt einmalig die Nutzung des Kabelturms, da hier durch den verstellbaren Gelenkarm und die feinen Abstufungen der Gewichte, bei der gewählten Übungen zielführender gearbeitet werden kann. Am Ende des Plans findet sich ein funktionsgymnastisches Element ohne Zusatzgewicht, um am Körperspannung und der Kräftigung der Bauchmuskulatur zu arbeiten. Um die bestmögliche Realisierung aller Übungen sicherstellen zu können, sinkt der übungstechnische Anspruch im Laufe der Trainingseinheit. Begonnen wird bei komplexen, mehrgelenkigen Übungen mit viel

Zusatzlast – geendet bei koordinativ weniger anspruchsvollen Übungen mit Eigengewicht.

5 Lösung Aufgabe: Literaturrecherche

Die folgende Tabelle zeigt die Auswertung von zwei wissenschaftlichen Studien zum Thema: „Effekte des Krafttrainings bei Osteoporose".

Tabelle 8: Literaturrecherche und deren Auswertung

	Studie 1	Studie 2
Titel der Studie	Effects of a 3-month weight-bearing and resistance exercise training on circulating osteogenic cells and bone formation markers in postmenopausal women with low bone mass.	Heavy resistance training is safe and improves bone, function, and stature in postmenopausal women with low to very low bone mass: novel early findings from the LIFTMOR trial.
Wer hat die Studie durchgeführt?	Sezione di Medicina Interna e Angiologia, Dipartimento di Medicina, Università degli Studi di Perugia, Perugia, Italy. L. Pasqualini, S. Ministrini, R. Lombardini, F. Bagaglia, R. Paltriccia, E. Marini, M. D'Abbondanza & M. Pirro Healthy Lifestyle Institute CURIAMO, Dipartimento di Medicina, Università degli Studi di Perugia, Perugia, Italy. R. Pippi, E. Reginato, E. Sbroma Tomaro & P. De Feo Rehabilitation Unit, National Health Service of Umbria, Perugia, Italy. L. Collebrusco	School of Allied Health Sciences, Gold Coast Campus, Griffith University, Southport, QLD, 4222, Australia. S. L. Watson, B. K. Weeks , S. A. Horan & B. R. Beck Centre for Musculoskeletal Research, Menzies Health Institute Queensland, Gold Coast, Queensland, Australia. S. L. Watson, B. K. Weeks, S. A. Horan & B. R. Beck The Bone Clinic, Brisbane, Queensland, Australia. L. J. Weis & B. R. Beck

	Medicina Interna, Azienda Ospedaliera "S.M. della Misericordia", Perugia, Italy. A.M. Scarponi	
In welchem Jahr wurde die Studie publiziert?	2019	2015
Welche Forschungsfrage wurde untersucht?	Kann ein Trainingsprogramm die Lebensqualität unter Osteoporose leidender Frauen nach der Menopause, auch bezüglich der Knochendichte, positiv beeinflussen?	Lässt sich die Sicherheit und Effektivität eines hochintensiven progressiven Widerstandstrainings für postmenopausale Frauen mit geringer Knochendichte bestimmen?
Wie sah der Versuchsaufbau der Studie aus?	Die Studie wurde an 33 postmenopausalen Frauen durchgeführt. Jede von ihnen hatte einen T-Score an der Lendenwirbelsäule oder am Schenkhals zwischen 1 und 2,5 SD. Fitnessparameter, Knocheaufbaumarker und Lebensqualität wurden nach einem einmonatigem Testlauf und nach drei Monaten Belastung durch ein Widerstandtraining bewertet.	Die Studie wurde über 8 Monate von 28 Frauen (mittlerer T-Score der Lendenwirbelsäule) durchgeführt. Vor und nach den 8 Monaten wurden Knochenmasse, Fettmasse und Muskelmasse, sowie die funktionelle Leistung der Probandinnen gemessen.
Welche relevanten Ergebnisse und Schlussfolgerungen liefert die Studie?	Pro-Kollagen-Typ-1-N-terminale Peptid (P1NP) und die Anzahl der OCs erhöhten sich nach drei Monaten Training stark, ohne dass das Typ-1-Kollagen-vernetzte C-Telopeptid (sCTX) anstieg. Schlussfolgern lässt sich, dass die Lebensqualität und Knochendichte der Frauen durch steignde Aktivität und Widerstandtraining positv beeinflusst wird.	Alle überprüften Parameter entwickelten sich positiv. Es gabe keine Ausfälle durch Verletzungen. Daraus lässt sich schließen, dass kurz überwachtest Krafttraining mit Stoßbelastung eine sichere und wirksame Bewegungstherapie für Frauen mit geringer Knochendichte nach der Menopause darstellt.
Quelle	Pasqualini, L.; Ministrini, S.; Lombardini, R.; Bagaglia, F.;	Watson, S. L.; Weeks, B. K.; Weis, L. J.; Horan, S. A.; Beck,

| | Paltriccia, R.; Pippi, R. et al. (2019): Effects of a 3-month weight-bearing and resistance exercise training on circulating osteogenic cells and bone formation markers in postmenopausal women with low bone mass. Zugriff am 06.03.2020. Online verfügbar unter https://www.ncbi.nlm.nih.gov/pubmed/30809725. | B. R. (2015): Heavy resistance training is safe and improves bone, function, and stature in postmenopausal women with low to very low bone mass: novel early findings from the LIFTMOR trial. |

6   Literaturverzeichnis

Borg, G. (1998). Borg's perceived exertion and pain scales. Champaign, Ill: Human
Ki-netics.

Bührle, M. & Schmidtbleicher, D. (1981). Komponenten der Maximal- und
Schnellkraft. Versuch einer Neustrukturierung auf der Basis empirischer
Ergebnisse. Sportwis-senschaft, 11 (1), 11–27.

Eifler, C. (2000). Krafttraining nach der ILB-Methode – Eine empirische
Überprüfung der Trainingseffekte bei Anfängern und Fortgeschrittenen.
Diplomarbeit. Universi-tät des Saarlandes, Saarbrücken.

Fisher J, Steele J, Bruce-Low S, Smith D. Evidence-based resistance training recom-
mendations. Medicina Sportiva 15: 147–162, 2011.

Fleck, S. J. & Kraemer, W. J. (2004). Designing resistance training programs (3. ed).
Champaign, IL: Human Kinetics.

Haff, G. G. (2000). Roundtable discussion: machines versus free weights. Strength
and Conditioning Journal, 22 (6), 18–30.

Mancia, G., Fagard, R., Narkiewicz, K., Redón, J., Zanchetti, A., Böhm, M. et al.
(2013). 2013 ESH/ESC Guidelines for the management of arterial hypertension. The task force for the management of arterial hypertension of the European Society of Hypertension (ESH) and of the European Society of Cardiol-
ogy (ESC). Journal of Hypertension, 31(7), 1281-1357.

Mc Gill, S. (2002). Low back disorders. Evidence-based prevention and rehabilita-
tion. Champaign, IL: Human Kinetics.

Moritani, T. (1994). Die zeitliche Abfolge der Trainingsanpassungen im Verlaufe
eines Krafttrainings. In P. V. Komi (Hrsg.), Kraft und Schnellkraft im Sport
(S. 266–276). Köln: Deutscher Ärzte-Verlag.

Müller, K.-J. (1987). Statische und dynamische Muskelkraft (Beiträge zur Sportwissen-schaft). Thun: Deutsch.

Pasqualini, L.; Ministrini, S.; Lombardini, R.; Bagaglia, F.; Paltriccia, R.; Pippi, R. et al. (2019): Effects of a 3-month weight-bearing and resistance exercise training on circulating osteogenic cells and bone formation markers in postmenopausal women with low bone mass. Zugriff am 06.03.2020. Online verfügbar unter https://www.ncbi.nlm.nih.gov/pubmed/30809725

Trunz, E., Freiwald, J. & Konrad, P. (2002). Fit durch Muskeltraining. Hamburg: Rowohlt.

Watson, S. L.; Weeks, B. K.; Weis, L. J.; Horan, S. A.; Beck, B. R. (2015): Heavy resistance training is safe and improves bone, function, and stature in postmenopausal women with low to very low bone mass: novel early findings from the LIFTMOR trial (12).

Zourdos MC, Klemp A, Dolan C, Quiles JM, Schau KA, Jo E, Helms E, Esgro B, Duncan S, Merino SG, Blanco R. Novel resistance training-specific RPE scale measuring repetitions in reserve. J Strength Cond Res 30: 267–275, 2016.

7 Tabellenverzeichnis